BEI GRIN MACHT SICH IHR WISSEN BEZAHLT

- Wir veröffentlichen Ihre Hausarbeit,
  Bachelor- und Masterarbeit

- Ihr eigenes eBook und Buch -
  weltweit in allen wichtigen Shops

- Verdienen Sie an jedem Verkauf

Jetzt bei www.GRIN.com hochladen und kostenlos publizieren

Bibliografische Information der Deutschen Nationalbibliothek:

Die Deutsche Bibliothek verzeichnet diese Publikation in der Deutschen National-
bibliografie; detaillierte bibliografische Daten sind im Internet über http://dnb.d-
nb.de/ abrufbar.

Dieses Werk sowie alle darin enthaltenen einzelnen Beiträge und Abbildungen
sind urheberrechtlich geschützt. Jede Verwertung, die nicht ausdrücklich vom
Urheberrechtsschutz zugelassen ist, bedarf der vorherigen Zustimmung des Verla-
ges. Das gilt insbesondere für Vervielfältigungen, Bearbeitungen, Übersetzungen,
Mikroverfilmungen, Auswertungen durch Datenbanken und für die Einspeicherung
und Verarbeitung in elektronische Systeme. Alle Rechte, auch die des auszugsweisen
Nachdrucks, der fotomechanischen Wiedergabe (einschließlich Mikrokopie) sowie
der Auswertung durch Datenbanken oder ähnliche Einrichtungen, vorbehalten.

Impressum:

Copyright © 2015 GRIN Verlag, Open Publishing GmbH
Druck und Bindung: Books on Demand GmbH, Norderstedt Germany
ISBN: 978-3-668-10098-5

Dieses Buch bei GRIN:

http://www.grin.com/de/e-book/311341/mobile-payment-eine-bewertung-des-
potenzials

Mareike Thamer

Mobile Payment. Eine Bewertung des Potenzials

GRIN Verlag

GRIN - Your knowledge has value

Der GRIN Verlag publiziert seit 1998 wissenschaftliche Arbeiten von Studenten, Hochschullehrern und anderen Akademikern als eBook und gedrucktes Buch. Die Verlagswebsite www.grin.com ist die ideale Plattform zur Veröffentlichung von Hausarbeiten, Abschlussarbeiten, wissenschaftlichen Aufsätzen, Dissertationen und Fachbüchern.

Besuchen Sie uns im Internet:

http://www.grin.com/

http://www.facebook.com/grincom

http://www.twitter.com/grin_com

FOM Hochschule für Oekonomie & Management Essen

Standort Bonn

Berufsbegleitender Studiengang:

Master IT-Management

2. Semester

Seminararbeit über das Thema

Mobile Payment: Eine Bewertung des Potenzials

Lehrveranstaltung: Interdisziplinäre Aspekte der Wirtschaftsinformatik

Autorin: Mareike Thamer

Abgabedatum: 4. August 2015

Inhaltsverzeichnis

III

Darstellungsverzeichnis

Abkürzungsverzeichnis

NFC   Near Field Communication

P2P   person-to-person

PIN   Persönliche Identifikationsnummer

POS   Point of Sale

QR-Code Quick-Response-Code

SIM   Subscriber Identity Module

SMS   Short Message Services

1 Einleitung und Problemstellung

„Die Zahlungsfunktion über ein mobiles Endgerät wird zu einem Standard werden."[1]

Interessant ist nicht nur der Inhalt dieser Aussage, sondern auch, dass sie bereits im Jahr 2001 getätigt wurde. Etwa zur selben Zeit wurde auf der CeBIT ein Getränkeautomat vorgestellt, der eine Bezahlung über mobile Endgeräte ermöglichte,[2] und die Euphorie war groß.

Heute – 15 Jahre später – ist diese Art der Bezahlung in Deutschland immer noch lange keine Selbstverständlichkeit; zwischenzeitlich machte sich sogar eine erste Ernüchterung breit.[3]

Dabei sind die Voraussetzungen denkbar günstig: Im Jahr 2015 besitzen bereits knapp 46 Millionen Deutsche ein Smartphone.[4] Und dieses wird längst nicht mehr bloß zum Telefonieren genutzt. Nach und nach macht es andere Geräte wie Digitalkamera, Taschenrechner, Wecker, Terminplaner oder Audio-Player überflüssig.[5] So gesehen erscheint es nur logisch, dass das Smartphone auch langfristig die physische Geldbörse ersetzen könnte.

Davon abgesehen gibt es weitere positive Trends wie z.B. der Eintritt einiger marktbeherrschender Unternehmen in das Mobile-Payment-Geschäft oder die Verbreitung von Mobile-Payment-Lösungen im asiatischen Raum bzw. in Entwicklungsländern.[6]

Alles in allem stellt sich somit die Frage, ob und wie sich Mobile Payment in Deutschland doch noch in der breiten Masse der Bevölkerung gegen bereits etablierte Bezahlverfahren durchsetzen kann. Die vorliegende Arbeit soll dazu eine Einschätzung liefern.

Zunächst ist es dafür nötig, den Begriff „Mobile Payment" eindeutig zu umreißen. Hierzu zählt auch die Darstellung des grundsätzlichen Ablaufes einer Mobile-Payment-Transaktion (Kapitel 2.1).

Auch wenn alle Mobile-Payment-Verfahren nach einem bestimmten Grundprinzip ablaufen, lassen sie sich doch für vielfältige Anwendungsfelder einsetzen. Diese

---

[1] Entenmann, M. (2001), S. 280.
[2] Vgl. Scheer, A., Feld, T., Göbl, M., Hoffmann, M. (2001), S. 28.
[3] Vgl. Lerner, T. (2013), S. 1.
[4] Vgl. Statista (Hrsg.) (2015), S. 1.
[5] Vgl. Federal Reserve Bank of Boston (Hrsg.) (2007), S. 1.
[6] Vgl. Lerner, T. (2013), S. 1 f.

2

werden in Kapitel 2.2 vorgestellt. Und je nach Anwendungsfeld eignen sich verschiedene Technologien, denen sich Kapitel 2.3 widmet.

Auch wenn jede Technologie seine eigenen Vor- und Nachteile hat, wird in Kapital 3 eine möglichst allgemeine Bewertung des Potenzials von Mobile Payment in Deutschland vorgenommen. Zu diesem Zweck wird eine Analyse der Stärken, Schwächen, Chancen und Risiken durchgeführt. Ziel ist es, aus dieser Analyse Anforderungen an ein Mobile-Payment-System abzuleiten, die eine Durchsetzung von Mobile Payment begünstigen.

2 Grundlagen des Mobile Payment

Mobile Payment ist ein weites Feld. Im Folgenden soll daher (nach einer kurzen Definition) das Grundprinzip erläutert werden, um anschließend Anwendungsgebiete und verschiedene Technologien vorzustellen.

2.1 Definition und Grundprinzip

Unter Mobile Payment versteht man „jegliche Bezahlung, die über mobile Geräte getätigt wird und bei der weder Bargeld noch physische Kreditkarten am Verkaufspunkt oder zum Zeitpunkt der Transaktion verwendet werden".[7] Mobile Endgeräte können z.B. Mobiltelefone, Tabletcomputer oder Smartphones sein.[8]

Nachdem ein Kunde sich bei einem Mobile-Payment-Dienstleister registriert hat,[9] läuft ein Bezahlvorgang folgendermaßen ab:[10]

1. Ein Kunde löst den Bezahlvorgang aus.
2. Der Kunde wird durch den Mobile-Payment-Dienstleister z.B. durch Eingabe seiner persönlichen Identifikationsnummer (PIN) autorisiert.
3. Der Mobile-Payment-Dienstleister rechnet den getätigten Kauf ab. Dies ist möglich über die monatliche Mobilfunkrechnung (Carrier Billing), eine Prepaid-Wertkarte oder über das Bank- bzw. Kreditkartenkonto des Kunden.[11]
4. Der Mobile-Payment-Dienstleister bestätigt die Abrechnung und bezahlt den Händler.
5. Der Händler liefert die Ware bzw. Dienstleistung an den Kunden.

Dieser Prozess ist noch einmal in Darst. 1 abgebildet.

PricewaterhouseCoopers AG (Hrsg.) (2014), S. 10.
[8] Vgl. National Retail Federation (Hrsg.) (2011), S. 8.
[9] Vgl. Diederich, B., Lerner, T., Lindemann, R., Vehlen, R. (2001), S. 158.
[10] Vgl. Karlsson, J., Taga, K. (2006), S. 83.
[11] Vgl. Smart Card Alliance (Hrsg.) (2011), S. 9.

3

Darst. 1: Grundprinzip Mobile Payment

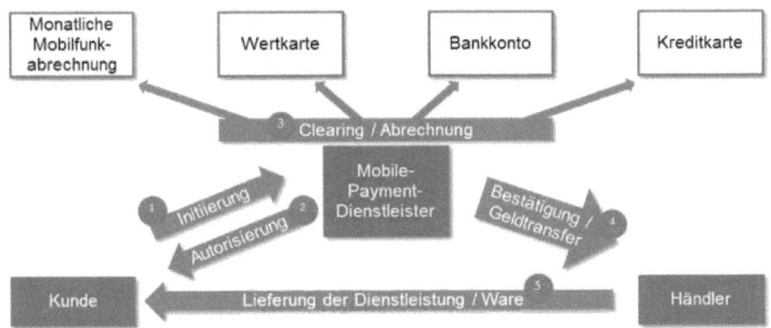

Quelle: Eigene Darstellung nach Karlsson, J., Taga, K. (2006), S. 83.

Das Grundprinzip lässt sich in den unterschiedlichsten Anwendungsgebieten einsetzen, die nachfolgend vorgestellt werden.

2.2 Anwendungsgebiete

Da es eine sehr große Anzahl verschiedener Anwendungsmöglichkeiten einer Bezahlung über ein mobiles Endgerät gibt,[12] ist zunächst eine Kategorisierung nötig. So wird allgemein zwischen Remote und Proximity Mobile Payments unterschieden. Proximity Mobile Payments charakterisiert hierbei, dass Käufer und Händler zum Zeitpunkt der Zahlung an einem Ort sind, wohingegen Remote Mobile Payments von überall und zu jeder Zeit getätigt werden können.[13] Des Weiteren gibt es die Unterscheidung zwischen sogenannten Micro Payments (Zahlung von Kleinstbeträgen) und Macro Payments (höherwertige Transaktionen), wobei die Grenze zumeist nicht eindeutig festgelegt ist.[14]

Güter mit geringem Transaktionswert im Bereich Remote Mobile Payment sind z.B. digitale Inhalte wie Klingeltöne, Musik oder Spiele.[15] Auch können Tickets wie z.B. Konzert- oder Kinotickets mobil bezahlt und am Tag der Veranstaltung auf dem mobilen Endgerät vorgezeigt werden.[16]

Zu den höherwertigen Transaktionen im Bereich Remote Mobile Payment zählt das Einkaufen in Webshops über ein mobiles Endgerät.[17] Ein weiteres Anwendungsfeld

---

[12] Vgl. Kurt Salmon, PHB Development (Hrsg.) (2011), S. 7
[13] Vgl. National Retail Federation (Hrsg.) (2011), S. 86.
[14] Vgl. Henkel, J. (2001), S. 343.
[15] Vgl. Federal Reserve Bank of Boston (Hrsg.) (2007), S. 3.
[16] Vgl. Kurt Salmon, PHB Development (Hrsg.) (2011), S. 10.
[17] Vgl. Federal Reserve Bank of Boston (Hrsg.) (2007). S. 3.

ist die mobile Geldübertragung zwischen Personen (person-to-person; P2P). Hierbei können nationale und internationale Geldübertragungen vorgenommen werden ohne dass die Kunden zwingend Zugang zu einem Bankkonto benötigen.[18] Das größte Marktpotenzial wird jedoch im Bereich Proximity Payments gesehen,[19] worauf in der vorliegenden Arbeit daher auch der Fokus gelegt wird. Hierzu zählen z.b. Verkaufsautomaten, Tickets für öffentliche Verkehrsmittel oder Parkticket-Automaten, die eine Bezahlung über mobile Endgeräte ermöglichen. Auch teurere Güter oder Dienstleistungen können über Proximity Mobile Payment bezahlt werden – hier vor allem im stationären Handel (am Point of Sale; POS) oder auch bei mobilen Händlern (wie z.b. Taxifahrern oder Lieferservices).[20] Darst. 2 gibt noch einmal einen Überblick über die verschiedenen Anwendungsfelder und deren Kategorisierung.

Darst. 2: Anwendungsfelder Mobile Payment

Macro-Payments	Bezahlung in Webshops	Mobile Geldübertragung (P2P)	Stationärer Handel (PoS) / Mobile Händler
Micro-Payments	Digitale Güter / Paid Content	Ticketing	Parkgebühren / Transportdienstleistungen / Verkaufsautomaten
	Remote Payments		**Proximity Payments**

Quelle: Eigene Darstellung nach Kurt Salmon, PHB Development (Hrsg.) (2011), S. 9.

2.3 Technologien

Innerhalb der Anwendungsgebiete des Mobile Payment kommen verschiedene Technologien zum Einsatz. Da der Fokus auf Proximity Mobile Payments liegt, sollen im Folgenden nur Technologien vorgestellt werden, die v.a. in diesem Bereich genutzt werden. Hierzu gehören Near Field Communication (NFC), Short Message Services (SMS) sowie Quick-Response-Codes (QR-Codes).[21]

---

[18] Vgl. Kurt Salmon, PHB Development (Hrsg.) (2011), S. 10.
[19] Vgl. Henkel, J. (2002), S. 349.
[20] Vgl. Kurt Salmon, PHB Development (Hrsg.) (2011), S. 10 f.
[21] Vgl. Smart Card Alliance (Hrsg.) (2011), S. 9.

Bei der Vorstellung der Technologien geht es vielmehr um die grundsätzliche Funktionsweise als um technische Details.

2.3.1 NFC

Die NFC-Technologie wird als eine der wichtigsten Technologien für Proximity Mobile Payments eingestuft und soll in den nächsten Jahren u.a. durch die Einigung der Endgerätehersteller, Mobilfunkbetreiber und Händler auf diesen Standard einen weiteren Schub bekommen.[22] Bei Durchführung einer Zahlungstransaktion am POS oder bei mobilen Händlern werden die Zahlungsdaten kontaktlos zwischen dem mobilen Endgerät des Kunden und dem Zahlungsterminal des Händlers über eine Entfernung von bis zu 10 cm übertragen.[23] Auch an einem Verkaufsautomaten lässt sich die NFC-Technologie anwenden.[24]

Das mobile Endgerät benötigt dafür einen NFC-Chip und ein sogenanntes Secure Element, auf dem sensible Daten wie z.B. Zahlungsinformationen gespeichert werden. Dieses Secure-Element kann entweder direkt in das mobile Endgerät eingebaut sein oder aber über eine SIM-Karte (SIM = subscriber identity module) oder Speicherkarte nachträglich in das Endgerät eingesetzt werden.[25] Auch ist es möglich, einen Sticker mit integriertem Secure Element von außen auf das Gerät zu kleben.[26]

2.3.2 SMS

Die Technologie der SMS ist schon seit 1995 flächendeckend in Deutschland verfügbar und kann für die Übertragung von Textnachrichten mit einer maximalen Größe von 160 Zeichen verwendet werden.[27]

Bei der Bezahlung über SMS im Bereich Proximity Mobile Payments sind verschiedene Modelle denkbar: Zunächst ist es möglich, dass der Kunde – nach einer Registrierung – eine SMS mit einem Kennwort an den Händler schickt, um eine Ware oder Dienstleistung zu erhalten (z.B. angewendet bei Bahntickets, die nach dem Bezahlvorgang sofort auf dem Endgerät verfügbar sind).[28] Auch kann der Kunde

---

[22] Vgl. Lerner, T. (2013), S. 11.
[23] Vgl. Lerner, T. (2013), S. 48.
[24] Vgl. National Retail Federation (Hrsg.) (2011), S. 98.
[25] Vgl. Smart Card Alliance (Hrsg.) (2009), S. 14.
[26] Vgl. National Retail Federation (Hrsg.) (2011), S. 112.
[27] Vgl. Arnold, U., Eßig, M., Kemper, H. (2001), S. 106.
[28] Vgl. National Retail Federation (Hrsg.) (2011), S. 96 f.

durch den Händler eine SMS erhalten, über die er durch Zurücksenden seiner PIN eine Zahlung bestätigt.[29]

2.3.3 QR-Codes

Eine weitere Technologie im Anwendungsfeld Proximity Mobile Payments sind sogenannte QR-Codes. Hierbei handelt es sich um „zweidimensionale[...] Barcodes",[30] die mithilfe eines optischen Lesegerätes (wie z.b. der Kamera des Smartphones) und einem speziellen Programm gescannt und „übersetzt" bzw. entschlüsselt werden können.[31]

Beim Bezahlvorgang zeigt z.b. der Händler einen QR-Code auf seinem Abrechnungsterminal an; der Kunde scannt diesen mit einem Programm auf seinem Smartphone und bestätigt die Zahlung durch Eingabe seiner PIN.[32]

Auch ist es denkbar, dass auf dem Gerät des Kunden (nach Auswahl der Option „Zahlen per Mobiltelefon" über eine entsprechende App des Händlers) ein QR-Code generiert und anschließend über das Zahlungsterminal des Händlers eingescannt wird.[33]

3 Potenzialbewertung

Obwohl Studien ein sehr großes Marktwachstum im Umfeld Mobile Payment prognostizieren,[34] werden Mobile-Payment-Systeme durch den deutschen Endkundenmarkt bisher nur sehr schleppend angenommen.[35] Dieser Sachverhalt macht eine genauere Betrachtung notwendig, die im Folgenden mithilfe einer Analyse der Stärken, Schwächen, Chancen und Risiken vorgenommen wird.

3.1 Stärken

Das Smartphone wird häufig als „prädestiniert" für Bezahlvorgänge eingestuft, da es heutzutage immer und überall mitgenommen wird.[36] Und es wird schon lange nicht mehr bloß zum telefonieren genutzt.[37] Lässt sich das Smartphone in allen

---

[29] Vgl. Consumers Union (Hrsg.) (2011), S. 3.
[30] Lerner, T. (2013), S. 41.
[31] Vgl. National Retail Federation (Hrsg.) (2011), S. 105.
[32] Vgl. National Retail Federation (Hrsg.) (2011), S. 105.
[33] Vgl. Lerner, T. (2013), S. 97.
[34] Vgl. z.B. PricewaterhouseCoopers AG (Hrsg.) (2014), S. 20.
[35] Vgl. z.B. KPMG AG (Hrsg.) (2014), S. 2.
[36] Vgl. Zobel, J. (2001), S. 12.
[37] Vgl. Federal Reserve Bank of Boston (Hrsg.) (2007), S. 1.

denkbaren Bezahl-Situationen verwenden, ist es zukünftig möglich, vollständig auf das Mitnehmen von Bargeld zu verzichten.[38]

Außerdem können bei Nutzung des Smartphones als Zahlungsinfrastruktur Zusatzservices integriert werden. Hierzu zählen z.b. auf dem Smartphone angezeigte Rabattcoupons, digitale Einkaufsbelege, Kunden-Bonusprogramme, zusätzliche Produktinformationen, Preisvergleiche, Kundenbewertungen oder eine Historie der getätigten Transaktionen.[39]

Eine Besonderheit bei Nutzung des Smartphones zur Bezahlung ist, dass der Kunde zum Zeitpunkt der Zahlung lokalisierbar wird. Damit können Service und Angebote auf den jeweiligen Aufenthaltsort angepasst werden.[40]

So ist es z.B. denkbar, dem Kunden genau die Informationen auf seinem Mobiltelefon anzuzeigen, die er vor Ort während seiner Kaufentscheidung benötigt (z.b. Zusatzinformationen zu Produkten).[41]

Für den Kunden bietet dies alles den Mehrwert zusätzlicher Informationen, die er automatisiert erhält, und zusätzlich das Potenzial, die physische Geldbörse vollständig durch das Smartphone zu ersetzen (häufig wird hierfür der Begriff Mobile Wallet verwendet).[42]

Für den Händler eröffnen sich mithilfe von Mobile Payment neue Analysemöglichkeiten des Kaufverhaltens über die Auswertung getätigter Transaktionen. Durch diese Analyse erhofft man sich, genauer auf die Wünsche und Bedürfnisse des Kunden eingehen zu können und damit maßgeschneiderte Angebote zu schaffen.[43]

Payment-Service-Provider (häufig wird diese Rolle durch Mobilfunkbetreiber oder Banken eingenommen) können durch das Angebot eines Mobile-Payment-Systems neue Kunden gewinnen bzw. die Abwanderung von Bestandskunden verringern.[44] Durch hohe Wechselkosten steigt die Kundenbindung.[45]

Alle Mobile-Payment-Technologien vereint, dass sie über ein innovatives Image verfügen[46] und für den Kunden einfach und bequem sind.[47] Bezüglich der Sicherheit besteht für alle Technologien der Vorteil, dass das Mobiltelefon die Möglichkeit

[38] Vgl. National Retail Federation (Hrsg.) (2011), S. 3.
[39] Vgl. PricewaterhouseCoopers AG (Hrsg.) (2014), S. 30.
[40] Vgl. Petersmann, T., Nicolai, A. (2001), S. 14.
[41] Vgl. Albers, S., Becker, J. (2001), S. 82.
[42] Vgl. PricewaterhouseCoopers AG (Hrsg.) (2014), S. 30.
[43] Vgl. Möhlenbruch, D., Schmieder, U. (2002), S. 80.
[44] Vgl. Smart Card Alliance (Hrsg.) (2007), S. 13.
[45] Vgl. Henkel, J. (2002), S. 342.
[46] Vgl. Lerner, T. (2013), S. 28.
[47] Vgl. Lerner, T. (2013), S. 10 f.

der personenbezogenen Identifikation über die Eingabe einer PIN bietet (zum Entsperren der SIM-Karte sowie bei höherwertigen Bezahlvorgängen). Es gewährt also naturgemäß eine hohe Authentizität.[48]

Wird die NFC-Technologie verwendet, so können Bezahltransaktionen besonders schnell durchgeführt werden.[49] Des Weiteren gelten mithilfe der NFC-Technologie durchgeführte Transaktionen als sicher: Die geringe Reichweite erschwert einen unerlaubten Eingriff durch Dritte (obwohl auch bei dieser Technologie kein hundertprozentiger Schutz z.B. vor dem Abhören von Daten gegeben ist).[50] Kreditkarteninformationen sind – nicht für Dritte auslesbar – im Secure Element gespeichert.[51] NFC ist vielseitig einsetzbar und kann z.B. auch zur Zugangskontrolle verwendet werden.[52]

Der Vorteil von SMS ist, dass diese Technik allgemein bekannt und akzeptiert ist.[53] Mobile Endgeräte brauchen keine besondere Ausstattung.[54] QR-Codes sind hingegen nicht mit jedem Mobiltelefon nutzbar (das Endgerät muss zumindest über eine Kamera verfügen).[55]

3.2 Schwächen

„Sicherheit und Datenschutz ist ein ,Muss' für jede Informations- und Kommunikationstechnologie."[56] Aktuell gibt es jedoch für Mobile-Payment-Systeme keine einheitlichen Sicherheitsstandards,[57] weshalb einige Verfahren in diesem Aspekt mangelhaft sind.[58] So gilt z.B. die SMS-Technologie als unsicher, da sie ursprünglich nicht zur Übermittlung kritischer Daten entwickelt wurde und über keine zusätzliche Verschlüsselung verfügt.[59] Da man die Quelle beim Scannen des QR-Codes nicht kennt, besteht die Gefahr eines Betruges, indem z.B. auf gefährliche Websites verwiesen oder ein bösartiges Programm auf dem Handy installiert wird.[60]

---

[48] Vgl. Zobel, J. (2001), S. 264. Zu anderen Teilaspekten der Sicherheit gehören Vertraulichkeit, Integrität und Verbindlichkeit vgl. Böhm, A., Felt, E. (2001), S. 41.
[49] Vgl. Smart Card Alliance (Hrsg.) (2007), S. 5.
[50] Vgl. Lerner, T. (2013), S. 56.
[51] Vgl. Smart Card Alliance (Hrsg.) (2011), S. 14.
[52] Vgl. Lerner, T. (2013), S. 52.
[53] Vgl. Smart Card Alliance (Hrsg.) (2011), S. 34.
[54] Vgl. Böcker, J., Quabeck, S. (2002), S. 210.
[55] Vgl. Lerner, T. (2013), S. 47.
[56] Scheer, A., Feld, T., Göbl, M., Hoffmann, M. (2002), S. 101.
[57] Vgl. PricewaterhouseCoopers AG (Hrsg.) (2014), S. 34.
[58] Vgl. Hamzehloee, P. (2014), S. 12.
[59] Vgl. Mustafa, N., Oberweis, A., Schnurr, T. (2002), S. 359.
[60] Vgl. Lerner, T. (2013), S. 47.

Bei Verlust des mobilen Endgerätes besteht allgemein ein Missbrauchsrisiko und die Zahlung ist nicht anonym.[61]

Des Weiteren müssen bei Anwendung eines Mobile-Payment-Systems durch den Anbieter die einschlägigen Datenschutzbestimmungen beachtet werden. Um nicht den Rahmen zu sprengen, sollen hierzu nur ein paar Beispiele genannt werden: So dürfen z.b. zu Marktforschungs- oder Werbezwecken nur anonymisierte Nutzerprofile verwendet werden und der Nutzer kann dem widersprechen.[62] Die Verarbeitung von Standortdaten für die Bereitstellung von Diensten mit Zusatznutzen ist nur anonymisiert und zweckgebunden oder mit ausdrücklicher Erlaubnis des Betroffenen erlaubt. Hierbei ist der Betroffene jedes Mal über die Erhebung des Standortes zu informieren.[63] Zum Thema Datenschutz lässt sich zusammenfassend sagen: Nicht alles, was technisch möglich ist, ist auch legal. Und: Nicht alles, was legal ist, wird auch durch die Nutzer akzeptiert. So wird z.b. Werbung oft als störend empfunden, auch wenn diese personalisiert und auf die Bedürfnisse des Nutzers abgestimmt ist.

Abschließend sind noch ein paar weitere Nachteile von Mobile Payment – abhängig von der jeweiligen Technologie – zu nennen: NFC-fähige Endgeräte sind sowohl bei Kunden als auch bei Händlern noch nicht sehr weit verbreitet bzw. akzeptiert. Außerdem sind mit der erstmaligen Ausstattung mit NFC-fähigen Geräten Zusatzkosten verbunden.[64] Ein Nachteil bei der Nutzung von SMS hingehen ist, dass Zahlungen bei hoher Netzbelastung fehlschlagen oder sich verzögern können.[65] Für den Versand von SMS wird Handyempfang benötigt, der vielleicht nicht immer gegeben ist;[66] ein Bezahlvorgang dauert relativ lange[67] und schließlich sind SMS je nach Vertrag des Kunden mit Zusatzkosten verbunden.[68]

3.3 Chancen

Es gibt aktuell einige Trends, die die flächendeckende Durchsetzung von Mobile Payment begünstigen könnten. Diese werden im Folgenden vorgestellt.

Insbesondere in den Entwicklungsländern sowie im asiatischen Raum wurden schon einige Marktpotenziale im Geschäftsfeld Mobile Payment realisiert – vor al-

---

[61] Vgl. Henkel, J. (2002), 330.
[62] Vgl. § 15 Abs. 3 TMG.
[63] Vgl. § 98 Abs. 1 TKG.
[64] Vgl. National Retail Federation (Hrsg.) (2011), S. 98.
[65] Vgl. Mielke, B. (2002), S. 189.
[66] Vgl. Smart Card Alliance (Hrsg.) (2011), S. 35.
[67] Vgl. National Retail Federation (Hrsg.) (2011), S. 89.
[68] Vgl. Lerner, T. (2013), S. 45.

lem in Entwicklungsländern mit bedeutend positiven betriebswirtschaftlichen und gesamtwirtschaftlichen Auswirkungen.[69]

Auch wenn sich die Rahmenbedingungen in Entwicklungsländern nicht mit denen in europäischen Märkten vergleichen lassen,[70] gibt es noch weitere Trends, die der Verbreitung von Mobile-Payment-Technologien zugutekommen könnten: Aktuell bieten einige marktbeherrschende Unternehmen wie z.b. google oder VISA mobile Zahlungstechniken an und fördern deren Verbreitung.[71]

Ebenfalls förderlich für die Verbreitung von Mobile Payment ist die Tatsache, dass sich beinahe alle Mobilfunkbetreiber auf den NFC-Standard geeinigt haben.[72] So wurde z.b. schon im Jahr 2004 von einer großen Anzahl bedeutender Firmen das NFC-Forum gegründet, mit dem Ziel, die NFC-Technologie weiter zu verbreiten und zu standardisieren,[73] Hierzu zählen auch Spezifikationen, die die NFC-Technologie sicherer machen sollen.[74]

Mittlerweile sind Smartphones in der breiten Masse der Bevölkerung verbreitet.[75] Auch wenn diese noch nicht durchgängig mit NFC-Technologie ausgestattet sind: Die Verbreitung von NFC bei Händlern und Kunden nimmt zu[76] – und die Technologie wird zunehmend erschwinglicher.[77] Hinzu kommt ein allgemeiner Trend, dass Technologien immer schneller von neuen Nutzergruppen akzeptiert werden.[78]

Neue gesetzliche Regelungen werden ebenfalls nach und nach erlassen. Hier ist z.b. die Payment Services Directive der Europäischen Union zu nennen, die zum einen standardisierte und transparente Regeln für Bezahlvorgänge innerhalb der europäischen Union zur Verfügung stellen und zum anderen neuen Teilnehmern den Markteintritt erleichtern soll.[79]

Alles in allem wird in Deutschland bis zum Jahr 2020 ein enormes Marktwachstum vorhergesagt.[80]

---

[69] Vgl. Lerner, T. (2013), S. 70.
[70] Vgl. Kurt Salmon, PHB Development (Hrsg.) (2011), S. 41.
[71] Vgl. Lerner, T. (2013), S. 17.
[72] Vgl. Lerner, T. (2013), S. 135.
[73] Vgl. Smart Card Alliance (Hrsg.) (2009), S. 33; für weitere Standardisierungsorganisationen vgl. Smart Card Alliance (Hrsg.) (2009), S. 9 f.
[74] Vgl. Smart Card Alliance (Hrsg.) (2009), S. 27.
[75] Vgl. Statista (Hrsg.) (2015), S. 1.
[76] Vgl. Lerner, T. (2013), S. 134.
[77] Vgl. Smart Card Alliance (Hrsg.) (2007), S. 12.
[78] Vgl. Zobel, J. (2001), S. 16.
[79] Vgl. Kurt Salmon, PHB Development (Hrsg.) (2011), S. 44.
[80] Vgl. PricewaterhouseCoopers AG (Hrsg.) (2014), S. 20.

3.4 Risiken

Auch wenn große Potenziale im Umfeld Mobile Payment gesehen werden, so gibt es doch auch einige Punkte, die die Entwicklung eindämmen könnten. Nicht zu unterschätzen ist beispielsweise der kulturelle Einfluss von Bargeld. Insbesondere die ältere Generation bevorzugt Barzahlungen und ein Einstellungswechsel braucht Zeit.[81] Sind Bezahlverfahren bereits etabliert, werden Kunden keinen Umstellungsaufwand betreiben, sofern ein neues Bezahlverfahren keinen Mehrwert im Vergleich zum etablierten Verfahren bietet.[82]

Es muss zunächst eine kritische Masse an Händlern und Kunden erreicht werden, damit sich Mobile Payment in der gesamten Bevölkerung durchsetzen wird.[83] Hierbei kommt das sogenannte „Henne-Ei-Problem" zu tragen: Händler wollen erst eine Mobile-Payment-Methode anwenden, wenn diese genügend durch die Kunden genutzt wird – und Kunden wollen eine solche Methode erst nutzen, wenn sie durch genügend Händler angeboten wird.[84]

Der Markt für Mobile-Payment-Lösungen ist mit über 80 verschiedenen Anbietern aktuell noch sehr unübersichtlich,[85] wodurch sich Kunden schwer für ein Verfahren entscheiden können.

Zu beachten ist auch die große Anzahl an beteiligten Parteien (z.B. Banken, Endgerätehersteller, Händler oder Mobilfunkbetreiber), deren Kooperation eine Herausforderung für die Einführung eines standardisierten Mobile-Payment-Systems darstellt.[86]

Darüber hinaus herrscht bei potenziellen Kunden noch eine große Skepsis bezüglich Sicherheit und Datenschutz. So wird die Nutzung des Smartphones zur Bezahlung z.B. in einer Studie der Fiducia IT AG als besonders riskant gesehen.[87] Oft herrscht auch große Skepsis, zahlungsrelevante Informationen an eine dritte Partei weiterzugeben, die keine Bank im klassischen Sinne ist (z.B. ein Mobilfunkbetreiber).[88]

---

[81] Vgl. Lerner, T. (2013), S. 22 f.
[82] Vgl. Smart Card Alliance (Hrsg.) (2011), S. 13.
[83] Vgl. Geer, R., Gross, R. (2001), S. 66 und Geer, R., Gross, R. (2001), S. 127.
[84] Vgl. Federal Reserve Bank of Boston (Hrsg.) (2007), S. 10.
[85] Vgl. PricewaterhouseCoopers AG (Hrsg.) (2014), S. 12.
[86] Vgl. Kurt Salmon, PHB Development (Hrsg.) (2011), S. 17.
[87] Vgl. Fiducia IT AG & Initiative D21 e.V. (Hrsg.) (2014), S. 16.
[88] Vgl. Federal Reserve Bank of Boston (Hrsg.) (2007), S. 10.

Außerdem sind die Kunden nicht bereit, für eine Mobile-Payment-Dienstleistung eine Gebühr zu zahlen.[89]

3.5 Anforderungen an ein Mobile-Payment-System

Abgeleitet aus den Stärken, Schwächen, Chancen und Risiken werden nun abschließend Anforderungen an ein Mobile-Payment-System dargestellt, die eine Verbreitung fördern könnten:

- Der Kunde wird ein Mobile-Payment-System nur verwenden, wenn es einen Mehrwert zu etablierten Verfahren bietet. Es sollte also ein möglichst einfaches Verfahren in Anwendung[90] und Registrierung[91] etabliert werden.

- Die Integration von Zusatznutzen ist essentiell. Da eine große Skepsis bzgl. Datenschutz herrscht, sollten diese jedoch nur unter Berücksichtigung von Datenschutzaspekten und für den Nutzer transparent integriert werden.[92]

- Da sowohl Kunden als auch Händler nur eine geringe Zahlungsbereitschaft haben, sollte ein Mobile-Payment-Verfahren möglichst wenig kosten.[93]

- Der unübersichtliche Markt macht es den Kunden schwer, sich für ein Verfahren zu entscheiden. Daher sollte möglichst ein standardisiertes Mobile-Payment-Verfahren etabliert werden, welches sich möglichst vielfältig für verschiedene Anwendungsfelder einsetzen lässt.[94]

- Da die notwendigen Technologien noch nicht durchgängig verbreitet sind (z.B. NFC), sollte das Mobile-Payment-System möglichst geringe technische Voraussetzungen benötigen[95] und für jede Art von Mobiltelefon und in jedem Netz anwendbar sein.[96]

- Um Sicherheitsbedenken vorzubeugen, müssen entsprechende Mechanismen eingebaut werden (so z.B. die Möglichkeit zum Sperren des Mobiltelefons bei Verlust oder Diebstahl[97] oder die PIN-Eingabe beim Bezahlen).[98]

- Zuletzt wird sich ein Mobile-Verfahren nur durchsetzen, wenn es eine hohe und gleichzeitige Verbreitung und Akzeptanz bei Kunden und Händlern (eine sogenannte kritische Masse) erreicht.[99]

---

[89] Vgl. Henkel, J. (2001), S. 109.
[90] Vgl. PricewaterhouseCoopers AG (Hrsg.) (2014), S. 30.
[91] Vgl. Smart Card Alliance (Hrsg.) (2007), S. 31.
[92] Vgl. PricewaterhouseCoopers AG (Hrsg.) (2014), S. 30.
[93] Vgl. Henkel, J. (2002), S. 347.
[94] Vgl. Entenmann, M. (2001), S. 274.
[95] Vgl. Henkel, J. (2002), S. 348.
[96] Vgl. Entenmann, M. (2001), S. 273.
[97] Vgl. Federal Reserve Bank of Boston (Hrsg.) (2007), S. 10.
[98] Vgl. Smart Card Alliance (Hrsg.) (2009), S. 27.

4 Fazit

Vor- und Nachteile, Chancen und Risiken von Mobile Payment wurden nun aus-
führlich diskutiert. Es spricht vieles dafür, dass Mobile Payment sich doch noch in
der breiten Masse der Bevölkerung durchsetzen wird. Hierbei spielen die Faktoren
aus Kapitel 3.5 eine ausschlaggebende Rolle: Nur wenn ein Mobile-Payment-
Verfahren entscheidend bequemer, sicherer, schneller und / oder günstiger ist als
ein traditionelles Bezahlverfahren oder aber durch die Integration weiterer Services
einen Zusatznutzen bietet, wird es durch die Anwender und Händler akzeptiert.[100]

Dabei erscheint vor allem die NFC-Technologie aufgrund ihrer zunehmenden Verbreitung, Standardisierung und Sicherheit vielversprechend.[101] Auf die Bezahlung
über SMS und QR-Codes wird man jedoch in der Übergangszeit nicht verzichten
können.[102]

Nachdem mehr und mehr Services und Anwendungen in das Smartphone integriert
wurden und dieses viele andere Geräte überflüssig machte, erscheint es nur logisch, dass eine Bezahlmöglichkeit zukünftig auch dazu gehören wird.[103] Ob dieser
Schluss richtig ist, wird sich in den nächsten Jahren zeigen.

[99] Vgl. PricewaterhouseCoopers AG (Hrsg.) (2014), S. 30.
[100] Vgl. Smart Card Alliance (Hrsg.) (2011), S. 13.
[101] Vgl. Smart Card Alliance (Hrsg.) (2011), S. 37.
[102] Vgl. National Retail Federation (Hrsg.) (2011), S. 110.
[103] Vgl. Smart Card Alliance (Hrsg.) (2007), S. 31.

Literaturverzeichnis

Albers, S., Becker, J. (2001): Individualmarketing im M-Commerce, in: Nicolai, A., Petersmann, T. (Hrsg.), Strategien im M-Commerce, Stuttgart: Schäffer-Poeschel Verlag, S. 71-100

Arnold, U., Eßig, M., Kemper, H. (2001): Technologische Entwicklungen im mobilen Internet, in: Nicolai, A., Petersmann, T. (Hrsg.), Strategien im M-Commerce, Stuttgart: Schäffer-Poeschel Verlag, S. 101-128

Böcker, J., Quabeck, S. (2002): Neue Dienstleistungen im Mobile Commerce, in: Silberer, G., Wohlfahrt, J., Wilhelm, T. (Hrsg.), Mobile Commerce: Grundlagen, Geschäftsmodelle, Erfolgsfaktoren, Wiesbaden: Gabler Verlag, S. 206-227

Böhm, A., Felt, E. (2001): e-commerce kompakt, Heidelberg, Berlin: Spektrum Akademischer Verlag

Diederich, B., Lerner, T., Lindemann, R., Vehlen, R. (2001): Mobile Business: Märkte, Techniken, Geschäftsmodelle, Wiesbaden: Gabler Verlag

Entenmann, M. (2001): Das Geschäftsmodell von Paybox, in: Nicolai, A., Petersmann, T. (Hrsg.), Strategien im M-Commerce, Stuttgart: Schäffer-Poeschel Verlag, S. 269-281

Geer, R., Gross, R. (2001): M-Commerce: Geschäftsmodelle für das mobile Internet, Landsberg: Verlag Moderne Industrie

Hamzehloe, P. (2014): Mobile-Payment: Akzeptanz eines Mobile-Payment als Substitution für Bargeld in Deutschland, Hamburg: Igel Verlag RWS

Henkel, J. (2001): Anforderungen an Zahlungsverfahren im E-Commerce, in: Teichmann, R., Nonnenmacher, M., Henkel, J. (Hrsg.), E-Commerce und E-Payment: Rahmenbedingungen, Infrastruktur, Perspektiven, Wiesbaden: Gabler Verlag, S. 103-121

Henkel, J. (2002): Mobile Payment, in: Silberer, G., Wohlfahrt, J., Wilhelm, T. (Hrsg.), Mobile Commerce: Grundlagen, Geschäftsmodelle, Erfolgsfaktoren, Wiesbaden: Gabler Verlag, S. 327-351

Karlsson, J., Taga, K. (2006): M-Payment im internationalen Kontext, in: Lammer, T. (Hrsg.), Handbuch E-Money, E-Payment & M-Payment, Heidelberg: Physica-Verlag, S. 73-87

Lerner, T. (2013): Mobile Payment: Technologien, Strategien, Trends und Fallstudien, Wiesbaden: Springer Vieweg Verlag

Mielke, B. (2002): Übertragungsstandards und -bandbreiten in der Mobilkommunikation, in: Silberer, G., Wohlfahrt, J., Wilhelm, T. (Hrsg.), Mobile Commerce: Grundlagen, Geschäftsmodelle, Erfolgsfaktoren, Wiesbaden: Gabler Verlag, S. 185-201

Möhlenbruch, D., Schmieder, U. (2002): Mobile Marketing als Schlüsselgröße für Multichannel-Commerce, in: Silberer, G., Wohlfahrt, J., Wilhelm, T. (Hrsg.), Mobile Commerce: Grundlagen, Geschäftsmodelle, Erfolgsfaktoren, Wiesbaden: Gabler Verlag, S. 66-89

Mustafa, N., Oberweis, A., Schnurr, T. (2002): Mobile Banking und Sicherheit im Mobile Commerce, in: Silberer, G., Wohlfahrt, J., Wilhelm, T. (Hrsg.), Mobile Commerce: Grundlagen, Geschäftsmodelle, Erfolgsfaktoren, Wiesbaden: Gabler Verlag, S. 353-372

Petersmann, T., Nicolai, A. (2001): Der Möglichkeitenraum des Mobile Business – eine qualitative Betrachtung, in: Nicolai, A., Petersmann, T. (Hrsg.), Strategien im M-Commerce, Stuttgart: Schäffer-Poeschel Verlag, S. 11-26

Scheer, A., Feld, T., Göbl, M., Hoffmann, M. (2002): Das mobile Unternehmen, in: Silberer, G., Wohlfahrt, J., Wilhelm, T. (Hrsg.), Mobile Commerce: Grundlagen, Geschäftsmodelle, Erfolgsfaktoren, Wiesbaden: Gabler Verlag, S. 91-110

Zobel, J. (2001): Mobile Business und M-Commerce: Die Märkte der Zukunft erobern, München: Carl Hanser Verlag

PDF-Quellen

Consumers Union (Hrsg.) (2011): Mobile Pay or Mobile Mess: Closing the Gap Between Mobile Payment Systems and Consumer Protections, San Francisco: ohne Verlag

Federal Reserve Bank of Boston (Hrsg.) (2007): Emerging Payments Industry Briefing: An Informative Guide to Consumer Payment Behavior, Boston: ohne Verlag

Fiducia IT AG & Initiative D21 e.V. (Hrsg.) (2014): Online - Banking 2014, Sicherheit zählt: Wünsche und Anforderungen an Bankgeschäfte im Internet, o.O.: ohne Verlag

KPMG AG (Hrsg.) (2014): Mobile Payment mit deutlichem Potenzial, in: Consumer Barometer: Trends und Treiber im Sektor Consumer Markets, o.Jg., 2014, Nr. 2, S. 1-6

Kurt Salmon, PHB Development (Hrsg.) (2011): Mobile payments, a "Southern" revolution: Development of mobile payments: Issues and prospects for the future, o.O.: ohne Verlag

National Retail Federation (Hrsg.) (2011): Mobile Retailing Blueprint: A Comprehensive Guide for Navigating the Mobile Landscape, 2. Aufl., o.O.: ohne Verlag

PricewaterhouseCoopers AG (Hrsg.) (2014): Mobile Payment in Deutschland 2020: Marktpotenzial und Erfolgsfaktoren, München: ohne Verlag

Smart Card Alliance (Hrsg.) (2007): Proximity Mobile Payments: Leveraging NFC and the Contactless Financial Payments Infrastructure, New Jersey: ohne Verlag

Smart Card Alliance (Hrsg.) (2009): Security of Proximity Mobile Payments: A Smart Card Alliance Contactless and Mobile Payments Council White Paper, New Jersey: ohne Verlag

Smart Card Alliance (Hrsg.) (2011): The Mobile Payments and NFC Landscape: A U.S. Perspective: A Smart Card Alliance Contactless and Mobile Payments Council White Paper, New Jersey: ohne Verlag

Internetquellen

Statista (Hrsg.) (2015): Anzahl der Smartphone-Nutzer in Deutschland in den Jahren 2009 bis 2015. URL: http://de.statista.com/statistik/daten/studie/198959/umfr age/anzahl-der-smartphonenutzer-in-deutschland-seit-2010/, Abruf am 7.7.2015

Rechtsprechungsverzeichnis

TKG (2012): Telekommunikationsgesetz vom 22.06.2004 (BGBl. I S. 1190) mit allen späteren Änderungen in der Fassung vom 03.05.2012. In: BGBl. I: 958

TMG (2015): Telemediengesetz vom 14.02.2007 (BGBl. I S. 179) mit allen späteren Änderungen in der Fassung vom 17.07.2015. In: BGBl. I: 1324

BEI GRIN MACHT SICH IHR WISSEN BEZAHLT

- Wir veröffentlichen Ihre Hausarbeit,
  Bachelor- und Masterarbeit

- Ihr eigenes eBook und Buch -
  weltweit in allen wichtigen Shops

- Verdienen Sie an jedem Verkauf

Jetzt bei www.GRIN.com hochladen und kostenlos publizieren